Walter Schmid

»Kapitalismus als Religion«

Überlegungen zu einem Fragment Walter Benjamins

Das Fragment scheint
die angemessenes Kunstform
unserer Zeit zu sein.
(Susan Sontag)

Herausgeber:
Freidenkerinnen & Freidenker Ulm/Neu-Ulm e.V.
Postfach 1667, info@ulmer-freidenker.de
www.ulmer-freidenker.de

Satz und Gestaltung: Siegfried Späth, Ulm
Titelseite unter Verwendung eines Aquarells
von Walter Schmid
siegfriedspaeth@t-online.de

Aquarelle: © Walter Schmid

© 2018
Herstellung und Verlag:
BoD – Books on Demand Norderstedt.
ISBN: 9783746076706

Walter Schmid: Walter Benjamin (Aquarell)

Das Fragment *Kapitalismus als Religion* ist mit hoher Wahrscheinlichkeit um 1921 entstanden. Walter Benjamin war zu diesem Zeitpunkt etwa 30 Jahre alt. Es findet sich in seinen *Gesammelte[n] Schriften,* Band VI, und umfaßt ca. 3 ½ Druckseiten (Seiten 100 bis 103). Die Überlegungen, Gedankengänge und Argumente Benjamins werden immer wieder unterbrochen durch Literaturhinweise, beispielsweise

»Fuchs: Struktur der kapitalistischen Gesellschaft o.ä.«

»Max Weber: Gesammelte Aufsätze zur Religionssoziologie 2 Bd 1919/20«

»Landauer: Aufruf zum Sozialismus p 144« [1]

Wie sich Benjamin auf diese Texte beziehen wollte, ist unbekannt. In der Sekundärliteratur angegebene Hinweise, er vertrete die Ansicht von … sind m. E. aus der Luft gegriffen und dienen der einseitigen Interpretation des Benjamin'schen Fragments.

Zuerst möchte ich die beiden von Benjamin verwandten Begriffe „Religion „ und „Kapitalismus" klären gemäß dem Diktum: »Worauf es [...] ankommt, ist die Anstrengung des Begriffs auf sich zu nehmen.« [2] Diese Forderung stammt von G. W. F. Hegel, und wenn auch angeblich »die He-gelsche Dialektik [von Marx] auf den Kopf, oder vielmehr vom Kopf, auf dem sie stand, wieder auf die Füße gestellt« [3] wurde, lohnt es sich, Hegels Rat zu befolgen. Dies ist auch im Sinne von Bertolt Brecht, der in den *Flüchtlingsge-sprächen* formuliert: »Die Begriffe, die man sich von etwas macht, sind sehr wichtig. Sie sind Griffe, mit denen man Dinge bewegen kann.«

Friedrich Engels äußerte sich auch so: »Es versteht sich ja von selbst, daß da, wo die Dinge und ihre gegenseitigen Beziehungen nicht als fixe, sondern als veränderliche auf-gefaßt werden, auch ihre Gedankenabbilder, die Begriffe, ebenfalls der Veränderung unterworfen sind; daß man sie nicht in starre Definitionen einkapselt, sondern in ihrem hi-storischen Bildungsprozeß entwickelt.« [4]

Es gibt keine einheitliche Definition dessen, was Religi-on sei. Beispielhaft sei auf Herbert von Cherbury (1583 – 1648) verwiesen, der die „fünf Vernunftwahrheiten" der mo-notheistischen Religionen festgestellt haben will. Diese lauten nach Michael Weinrich, dem Autor des Buches *Reli-gion und Religionskritik* [5]:

»1. der Glaube an den einen Gott als ewige und allmächtige Ursache, Lenker und Ziel aller Dinge;

2. die Verehrung dieses einen Gottes – auf durchaus unterschiedliche Art und Weise, d.h. unabhängig von den kirchlich erhobenen Machtansprüchen;

3. der sittliche Gottesdienst (*cultus divinus*) in der Gestalt frommer Gesinnung und tugendhafter Lebensführung, die sich am Gewissen orientieren;

4. die Wahrnehmung der eigenen Unvollkommenheit (Sündenschmerz) und die Bereitschaft zur Buße für schuldhaftes Fehlverhalten;

5. das Bewußtsein von einem zu erwartenden jenseitigen Leben mit der Vergeltung von Gut und Böse.« [6]

Bezeichnenderweise wird von Weinrich der von Herbert von Cherbury verwandte Begriff „*cultus divinus*" mit „sittliche[r] Gottesdienst" übersetzt anstatt mit dem wesentlich näherliegenden „Gotteskult", um den es sich in Wahrheit handelt! Ernst Bloch meint in diesem Zusammenhang lapidar: »Der Wundermann gehört zu Religion, und wer ihn ausläßt, wird nichts endgültig Zureichendes über sie erfahren.« [7]

Der Philosoph Karl Jaspers (1883 – 1969), der gewiß nicht zum Kreis der Religionskritiker gehört und von dem Hans Heinz Holz sagte, daß er ‚theologisch schwafelte‘ [8], schreibt in seinem Werk *Der philosophische Glaube*: »Religion kennt den Kultus, ist gebunden an eine eigentümliche dem Kultus entspringende Gemeinschaft der Menschen und untrennbar vom Mythus. Immer gehört zur Religion die reale Beziehung des Menschen zur Transzendenz in Gestalt eines in der Welt vorkommenden Heiligen als eines vom Profanen oder Unheiligen Abgegrenzten. Wo dies nicht mehr da ist oder verworfen wird, ist das Eigentümliche der Religion verschwunden.« [9]

Hier muß man Obacht geben: Transzendenz und transzendent meinen das Überschreiten (Transzendieren) der Grenze zwischen zwei Bereichen, besonders zwischen der Grenze vom Diesseits zum Jenseits. „Transzendental" hingegen meint das, was mit den Bedingungen der Möglichkeit der Erfahrung in Zusammenhang steht. Jaspers spricht / schreibt von „Transzendenz".

Zum Abschluß der Frage, was Religion sei, soll noch Friedrich Engels zu Wort kommen: »Nun ist alle Religion nichts andres als die phantastische Widerspiegelung, in den Köpfen der Menschen, derjenigen äußern Mächte, die ihr alltägliches Dasein beherrschen, eine Widerspiegelung, in der die irdischen Mächte die Form von überirdischen annehmen. In den Anfängen der Geschichte sind es zuerst die Mächte der Natur, die diese Rückspiegelung erfahren [...] Aber bald treten neben den Naturmächten auch gesellschaftliche Mächte in Wirksamkeit, Mächte, die den Menschen ebenso fremd und im Anfang ebenso unerklärlich gegenüber stehn, sie mit derselben scheinbaren Naturnotwendigkeit beherrschen wie die Naturmächte selbst. [...] Auf einer noch weitern Entwicklungsstufe werden sämtliche natürlichen und gesellschaftlichen Attribute der vielen Götter auf Einen allmächtigen Gott übertragen, der selbst wieder nur der Reflex des abstrakten Menschen ist.« [10]

Nun zum Kapitalismus. Marx selbst hat den Ausdruck „Kapitalismus" zwar so gut wie nie verwandt - er sprach durchgängig von der „kapitalistischen Produktionsweise" -, dennoch kann – hier mit Engels - festgehalten werden:

»Hatte bisher [bis zum Feudalismus; W.S.] der Besitzer der Arbeitsmittel sich das Produkt angeeignet, weil es in der Regel sein eigenes Produkt und fremde Hülfsarbeit die Ausnahme war, so fuhr jetzt der Besitzer der Arbeitsmittel fort, sich das Produkt anzueignen, obwohl es nicht mehr *sein* Produkt war, sondern ausschließlich Produkt *fremder Arbeit*. So wurden also die nunmehr gesellschaftlich erzeugten Produkte angeeignet nicht von denen, die die Produktionsmittel wirklich in Bewegung gesetzt und die Produkte wirklich erzeugt hatten, sondern vom *Kapitalisten*. Produktionsmittel und Produktion sind wesentlich gesellschaftlich geworden. Aber sie werden unterworfen einer Aneignungsform, die die Privatproduktion einzelner zur Voraussetzung hat, wobei also jeder sein eignes Produkt besitzt und zu Markte bringt. Die Produktionsweise wird dieser Aneignungsform unterworfen, obwohl sie deren Voraussetzung aufhebt. In diesem Widerspruch, der der neuen Produktionsweise ihren kapitalistischen Charakter verleiht, *liegt die ganze Kollision der Gegenwart bereits im Keim*. Je mehr die neue Produktionsweise auf allen entscheidenden Produktionsfeldern und in allen ökonomisch entscheidenden Ländern zur Herrschaft kam und damit die Einzelproduktion bis auf unbedeutende Reste verdrängte, *desto greller mußte auch an den Tag treten die Unverträglichkeit von gesellschaftlicher Produktion und kapitalistischer Aneignung.*« [11]

Man kann es auch kürzer fassen: »Kapitalismus [ist die] ökonomische Gesellschaftsformation, die auf dem privatkapitalistischen Eigentum an Produktionsmitteln und der Ausbeutung freier Lohnarbeiter beruht, die ihre Arbeitskraft verkaufen. Die beiden Hauptklassen dieser Gesellschaft sind die *Bourgeoisie* (Kapitalisten), welche im Besitz der wichtigsten Produktionsmittel und damit auch die ökonomisch und politisch herrschende Klasse ist, und die *Arbeiterklasse* (Proletariat), die frei ist von feudaler Abhängigkeit, aber auch frei von allen Existenzmitteln und daher als Nichteigentümer von Produktionsmitteln ihre Arbeitskraft an die Kapitalisten verkaufen muß. Zwischen beiden Klassen besteht ein fundamentaler Widerspruch von antagonistischem Charakter, weil ihre grundlegenden Interessen unvereinbar sind.« [12]

Nun zum Benjamin'schen Text.

Walter Benjamin schreibt: »Im Kapitalismus ist eine Religion zu erblicken, d.h. der Kapitalismus dient essentiell der Befriedigung derselben Sorgen, Qualen, Unruhen, auf die ehemals die so genannten Religionen Antwort gaben.« (100) Der Kapitalismus ist, so Benjamin, eine »essentiell religiöse[.] Erscheinung« (ebd.).

Für Benjamin sind »[d]rei Züge [...] der Gegenwart an dieser religiösen Struktur des Kapitalismus erkennbar.« (ebd.) Wichtig: Benjamin spricht hier von der Gegenwart! Erstens sei »der Kapitalismus eine reine Kultreligion, vielleicht die extremste, die es je gegeben hat.« Der zweite Zug des Kapitalismus sei »die permanente Dauer des Kultus. Der Kapitalismus ist die Zelebrierung eines Kultes sans [t]rêve et sans merci [ohne Waffenruhe und ohne Gnade]. Es gibt da keinen „Wochentag" [,] keinen Tag der nicht Festtag in dem fürchterlichen Sinne der Entfaltung allen sakralen Pompes [,] der äußersten Anspannung des Verehrenden wäre.« (ebd.) Zum dritten sei dieser Kultus »verschuldend. Der Kapitalismus ist vermutlich der erste Fall eines nicht entsühnenden, sondern verschuldenden Kultus.« (ebd.) Damit wird die gleichförmige, unterschiedslose Dauer zur herrschenden Form der Zeiterfahrung. Diese gleich-gültige Zeit findet im Geld ihren adäquaten Ausdruck: „Time is money."

Benjamin konstatiert: »Es liegt im Wesen dieser religiösen Bewegung, welche der Kapitalismus ist[,] das Aushalten bis ans Ende [,] bis an die endliche völlige Verschuldung Gottes, den erreichten Weltzustand der Verzweiflung auf die gerade noch gehofft wird.

Darin liegt das historisch Unerhörte des Kapitalismus, daß
Religion nicht mehr Reform des Seins sondern dessen Zer-
trümmerung ist.« (101)
Der vierte Zug des Kapitalismus als Religion bezieht sich
auf die Zukunft: »Ihr vierter Zug ist, daß ihr Gott verheim-
licht werden muß, erst im Zenith seiner Verschuldung an-
gesprochen werden darf.« (ebd.)
Des weiteren schreibt Benjamin, der Kapitalismus sei »eine
Religion aus bloßem Kult, ohne Dogma.« (102) Er habe sich
»auf dem Christentum parasitär im Abendland entwickelt,
dergestalt, daß zuletzt im wesentlichen seine Geschichte die
seines Parasiten, des Kapitalismus ist. [...] Das Christentum
zur Reformationszeit hat nicht das Aufkommen des Kapitalismus begünstigt, sondern es hat sich in den Kapitalismus
umgewandelt.« (ebd.)

Zu den einzelnen Aussagen
Wenn Benjamin davon spricht, daß der Kapitalismus eine
»essentiell religiöse[.] Erscheinung« [13] sei, dann rekur-
riert er auf die philosophische Unterscheidung von Wesen
und Erscheinung. Diese sind »grundlegende, einander be-
dingende philosophische Kategorien, welche den wider-

widerspruchsvollen Zusammenhang des Allgemeinen und Notwendigen mit dem Einzelnen und Zufälligen in den Dingen, Systemen und und Prozessen der objektiven Realität widerspiegeln.

Das *Wesen* ist die Gesamtheit der inneren, allgemeinen, invarianten Bestimmungen eines Dinges, Systems oder Prozesses, die diesem notwendig zukommen, während die Erscheinung die Gesamtheit der äußeren, einzelnen, veränderlichen Eigenschaften eines Dinges, Systems oder Prozesses bilden, in denen das innere Wesen zum Ausdruck kommt oder erscheint. Wesen und Erscheinung bilden somit stets eine dialektische Einheit von Gegensätzen; das Wesen tritt in der Erscheinung zutage, die Erscheinung hingegen ist eine Manifestation des Wesens.« [14]

Das bedeutet in unserem Zusammenhang, daß Kapitalismus *notwendig* Religion ist. Auch wenn man ihn seiner zeitbedingten Unterschiede entkleiden könnte, bliebe er als Religion bestehen. In der Konsequenz ist auch „der Imperialismus als höchste Form des Kapitalismus" (Lenin) ein religiöses Gebilde. Und eben dieser Kapitalismus hat die „Aufgaben" von Religion übernommen, er gibt Antworten auf dieselben »Sorgen, Qualen, Unruhen, auf die ehemals die so genannten Religionen Antwort gaben.« (100) Man beachte hier das von Benjamin verwandte Tempus: die Vergangenheit. Der Kapitalismus hat die Religion bzw. Religionen ersetzt, diese kann / können keine Antworten mehr geben.

Der Kapitalismus ist nach Benjamin eine reine »Kultreligion«. Das heißt, er verfügt über keinerlei Dogmatik, gar Theologie. Religiöse Praxis bestimmt das Geschehen, also kultische Handlungen, Riten, Zeremonien, und das ohne Unterbrechung. Dies ist ja der zweite Zug des Kapitalismus, »die permanente Dauer des Kultus.« Es stellt sich die Frage, welche Art von Götzendienst betrieben wird und welche Götzen angebetet werden. Besitzt der Kapitalismus als Religion sakrale Objekte und Orte? Sakrale Orte könnten für Benjamin die großen Warenhäuser sein, die sich in der zweiten Hälfte des 19. Jahrhunderts in ganz Europa verbreiteten. Nicht umsonst heißt das zentrale Monumentalwerk Benjamins Das Passagen-Werk [15]. „Passagen", das sind die in Paris entstandenen Einkaufshallen, denen Benjamin das Konvolut A seiner Schrift widmet.

Die sakralen Objekte sind die dargebotenen Waren, denen Karl Marx im Kapital Band 1 (MEW 23) Fetischcharakter zuschreibt. *Fetischismus* ist »der Glaube an übernatürliche Eigenschaften bestimmter Gegenstände sowie deren Verehrung. Alle Religionen sind von Elementen des Fetischismus durchsetzt, haben ihre heiligen Gegenstände und Reliquien [...] Eine besondere Form des Fetischismus, die sich in der kapitalistischen Gesellschaft entwickelt hat, ist der Waren-Fetischismus [...] Dieser besteht darin, daß die gesellschaftlichen Beziehungen der Menschen im kapitalistischen Produktionsprozeß als Verhältnis zwischen Sachen, speziell zwischen Waren, erscheinen, so daß die Waren als sinnliche Gegenstände zugleich übersinnliche Eigenschaften zu haben scheinen.« [16]

Hierzu zwei Passagen aus Götz Eisenbergs Buch *Zwischen Amok und Alzheimer. Zur Sozialpsychologie des entfesselten Kapitalismus:*

»Ein warmer Samstagabend im Juni. Ich sitze mit der Zeitung und einem Glas Wein auf dem Balkon, mir gegenüber liegt das Nachbarhaus. Im Sommer, wenn die Türen offen stehen und die Balkone und Terrassen bevölkert sind, liegt es offen vor mir wie ein Puppenhaus, in das man hineinschauen kann. Im Erdgeschoß sitzen zwei junge Paare um einen runden Tisch. Alle vier lassen ihre Finger über die Touchscreens ihrer Smartphones gleiten. Auf dem Tisch steht ein aufgeklappter Laptop, eine der jungen Frauen hält einen Tablet-PC auf ihrem Schoß, auf dem sie mit dem Zeigefinger der freien Hand herumwischt. [Daher heißen Tablet und Smartphone auf Fränkisch ‚Wischkästla'; W.S.] Ab und zu machen sie sich auf irgend etwas auf einem der Displays aufmerksam. und lachen. Dann versinkt jeder wieder in seine eigene Welt. Eine weitere Frau tritt in die offene Tür und telefoniert. Auch als sie etwas später den Grill anwerfen und sich zum Essen an einen größeren Tisch setzen, legen sie ihre Geräte nicht zur Seite und behalten sie stets im Auge.« [17]

Zweiter Textausschnitt: »Auf einem Spaziergang begegnet mir eine heutige Kleinfamilie. Vater und Mutter – beide so um die dreißig Jahre alt – stecken ihre Köpfe zusammen und schauen auf das Display ihres Smartphones. Sie lachen über etwas, was dort zu sehen ist. Das Kind – ein etwa vierjähriger Junge – trottet traurig und verloren hinterher. Plötzlich erwacht das Kind aus seiner Lethargie und ruft: „Schau mal Papa, was ich gefunden habe." - „Was hast du

denn nun schon wieder gefunden?", reagiert der Vater ent-
nervt. Ohne den Fund des Sohnes wirklich in Augenschein
zu nehmen, sagt er über die Schulter: „Ja, das ist toll." Die
Eltern wenden sich erneut dem Smartphone zu, das Kind
bleibt einsam zurück. Es hat soeben die schmerzvolle Lek-
tion erteilt bekommen: „Das Geschehen auf dem Display
ist den Eltern wichtiger als ich und meine Entdeckung in
der realen Welt."« [18]
Sage keiner, es gebe keinen Fetisch mehr im 21. Jahrhundert!

Als zweites Wesensmerkmal des Kapitalismus nennt Benjamin »die permanente Dauer des Kultus«, der weder Waffenruhe noch Gnade kenne. Nicht nur in Bamberg wird von
interessierter Seite gefordert, die Zahl der verkaufsoffenen
Sonntage zu erhöhen, als ob nicht die Ladenöffnungszeiten
von 7 bis 20 Uhr ausreichend wären, um dem Waren-Gott
zu huldigen. Man braucht kein Prophet zu sein um vorher-
sagen zu können, daß in absehbarer Zeit die Nächte und
Sonntage als Konsum-Zeiten und -Tage bereitgestellt werden. An Tankstellen ist es bereits so.

Aber es geht nicht nur um's Geldausgeben, sondern auch um's Verdienen. Gelderwerb als Gottesdienst, das gehört auch zum Kult, den der Kapitalismus den Gläubigen auferlegt. »Die Apotheose, des Kultischen, der Kult um des Kultes willen, findet in der permanenten Dauer eine konsequente Ergänzung. Gemeinsam mit dem ersten verleiht dieses zweite Merkmal dem von Benjamin analysierten Religionssystem den beherrschenden Zug von Ausweglosigkeit, mit dem er seine Adepten in Bann schlägt.« [19]
Der Kultus ist, so sein drittes Merkmal, „verschuldend, nicht entsühnend". In diese apokalyptische, die Universalisierung der Schuld betreibende Bewegung ist der Gott selbst mit inbegriffen. Der Schuldbegriff rückt Nietzsche als Stichwortgeber des Fragments in den Blick. In der *Genealogie der Moral* hatte Nietzsche nicht zuletzt unter Berufung auf etymologische, auf die Herkunft des Wortes bezogene, und historische Befunde den Nachweis geführt, daß der »moralische Hauptbegriff der „Schuld" seine Herkunft aus dem sehr materiellen Begriff der „Schulden" genommen hat«. [20] Im »Bewußtsein, Schulden gegen die Gottheit zu haben«, erkennt Nietzsche den Ursprung des in der Geschichte unaufhaltsam wachsenden Gottesbegriffs und

Gottesgefühls. Deshalb habe »die Heraufkunft des christlichen Gottes, als des Maximal-Gottes, der bisher erreicht worden ist, [...] auch das Maximum des Schuldgefühls auf Erden zur Erscheinung gebracht«. [21]

In Benjamins Sicht erwächst der Kapitalismus als reine Kultreligion unmittelbar aus dem Begriff der Schuld: »Ein ungeheures Schuldbewußtsein das sich nicht zu entsühnen weiß, [das sich also nicht durch Sühne von der Schuld befreien kann, W.S.] greift zum Kultus, um in ihm diese Schuld nicht zu sühnen, sondern universal zu machen« (100). Diesem Mechanismus der verschuldenden Schuld verdankt der Kapitalismus seine verhängnisvolle Dynamik.

Gelderwerb, die Realisierung von Mehrwert, ist der Kult, der den Gläubigen auferlegt wird. Die Apotheose, die Verklärung und Verherrlichung – in diesem Wort steckt „theos", das griechische Wort für „Gott" – des Kultes, Kult um des Kultes willen, wird konsequent ergänzt durch die permanente Dauer des Kultes. Dies bedingt den schon erwähnten beherrschenden Zug von Ausweglosigkeit, die dem Kapitalismus zu eigen ist.

Die Ausweglosigkeit verursacht Sorgen, nach Benjamin »eine Geisteskrankheit, die der kapitalistischen Epoche eignet. Geistige (nicht materielle) Ausweglosigkeit in Armut, Vaganten- Bettel- Mönchtum. Die „Sorgen" sind der Index dieses Schuldbewußtseins von Ausweglosigkeit. „Sorgen" entstehen in der Angst gemeinschaftsmäßiger, nicht individuell-materieller Ausweglosigkeit.« (102)

Die Trias Ware, Geld und Markt

Im Christentum gibt es die Trias Gott Vater, Gott Sohn und Gott Heiliger Geist, die man sich, in Kürzestform (!), vorstellen kann mit Gott als Wesen und Vater, Sohn und Heiliger Geist als Erscheinungen desselben. Im Kapitalismus kann man auch eine Dreifaltigkeit feststellen, nämlich die von Ware, Geld und Markt.
»Eine Ware scheint auf den ersten Blick ein selbstverständliches, triviales Ding. Ihre Analyse ergibt, daß sie ein sehr vertracktes Ding ist, voll metaphysischer Spitzfindigkeit und theologischer Mucken.« Dies schreibt Karl Marx im ersten Band des *Kapitals* (MEW 23, 85). Eine solche Mucke der Gegenstände besteht darin, daß diese zum einen einen Gebrauchswert haben, zum anderen einen Warenwert. Es soll hier nicht auf den Unterschied zwischen Gebrauchs-

wert und Warenwert eingegangen werden. Nur so viel sei gesagt: Arbeitsprodukte sind »eine bloße Gallerte unterschiedsloser menschlicher Arbeit, d.h. der Verausgabung menschlicher Arbeitskraft ohne Rücksicht auf die Form ihrer Verausgabung. Diese Dinge stellen nur noch dar, daß in ihrer Produktion menschliche Arbeitskraft verausgabt, menschliche Arbeit aufgehäuft ist. Als Kristalle dieser ihnen gemeinschaftlichen gesellschaftlichen Substanz sind sie Werte – Warenwerte.« (a.a.O., 52) Die von Marx genannten „metaphysischen Spitzfindigkeiten" und „theologischen Mucken" kann man mit dem Begriff „Fetischcharakter der Ware" zusammenfassen. So ist auch eines der schwierigsten Kapitel des Marx'schen *Kapital* übertitelt. (Zum Thema „Fetisch" wurde ja oben schon einiges ausgeführt.)

Marx spricht von einer »gespenstige[n] Gegenständlichkeit« (ebd.) der Arbeitsprodukte. Diese sind für ihn zwar Produkte von Arbeit, »aber gleichzeitig auch losgelöst von der Frage, wie viel Arbeit genau in ihnen steckt und unter welchen sozialen Bedingungen sie ausgeführt wurden. Gerade dieser Aspekt ist wichtig, da er die ungleiche Macht-, Geld- und Einfluß-Verteilung in einer Gesellschaft groß-

artig verdecken kann.« [22] Man kann von einer „Selbst-
Valorisierung" der von der Gebrauchsform abgelösten
Warenform sprechen, also davon, daß die Preise von Waren nicht identisch sind mit ihren Herstellungskosten und
– prinzipiell – beliebig so gestaltet werden können, daß ein
maximaler Profit aus ihnen gezogen werden kann. Diese
Selbst-Valorisierung ist in gewissem Sinne für Marx »die
entscheidende neue Sozialsubstanz, die die kapitalistische
Gesellschaft von einer primitiven oder feudalen unterscheidet.« [23] Marx' Entfremdungstheorie kann dahingehend
verstanden werden, daß die Abstraktionsform des Waren-
verkehrs, also der Tauschwert eines Gegenstands, einer
Ware, die Sozialbedingungen dominiert und nicht umge-
kehrt. »Diverse Autowerbungen verdeutlichen das; denn sie
wiederholen sich in der Präsentation ihres Produkts durch
dieselben archetypischen Bilder: Ein Auto auf einer Klip-
pe stehend, auf einer Lichtung, einer erhobenen Plattform
etc. Im gewissen Sinne haben wir hier das Erscheinungs-
bild einer nahezu vom Himmel herabgekommenen Transzendenz.« [24] Die Ware ist hier der Ausdruck einer puren
Form des Mehrwerts, also – vereinfacht formuliert - der
Differenz zwischen dem Wert der Ware, in der Regel dem

Preis, und den geringeren Herstellungskosten. »Der „Fetischcharakter der Ware" bezeichnet für Marx daher auch
ein religiös-mythisches Verkehrungsverhältnis, bei dem
durch Waren und Geld vermittelte, aber letztlich rein gesellschaftliche Verhältnisse nicht mehr als solche, sondern
in der phantasmagorischen [vorgegaukelten, W.S.] Form
eines Verhältnisses von Dingen erscheinen. Und als ein sol-
ch erhabenes Ding begegnet uns das Auto in den genannten
Umgebungen. Es verkörpert einen erhabenen Körper, der
die metallene Karosserie transzendiert. Einen solchen erhabenen Körper kennen wir aus der Religion.« [25]
Waren führen für Marx, wenn man so will, ein Eigenle-
ben, indem sie mehr über meine Wünsche wissen als ich
selbst. Eines der momentan besten Beispiele dafür ist das
schon erwähnte Smartphone, das, Frau und Mann, wie
vorzüglich in Fußgängerzonen beobachtet werden kann,
»wie eine Monstranz« (Götz Eisenberg) vor sich hertragen.
Eine Monstranz ist »ein kostbares, mit Gold [...] gestaltetes
Schaugerät mit einem Fensterbereich, in dem [vor allem
am Fronleichnamsfest; W.S.] eine konsekrierte [geweih-
te, geheiligte; W.S.] Hostie zur Verehrung und Anbetung
feierlich gezeigt wird.« (Wikipedia) Ein Smartphone, be-

steht zwar normalerweise nicht aus Gold, ist aber für viele Nutzer*innen Gold wert.

„Gold" klingt fast wie „Geld", hat aber als Begriff eine völlig andere Wurzel – so das DUDEN-Herkunftswörterbuch. Über Geld spricht man nicht, heißt es – man hat es! Hier soll aber dennoch von Geld die Rede sein.

Was ist *Geld*? Marx gibt darauf u. a. folgende Antworten:

Antwort 1: »Im *Geld*, der vollständigen Gleichgültigkeit sowohl gegen die Natur des Materials, gegen die spezifische Natur des Privateigentums, wie gegen die Persönlichkeit des Privateigentümers, ist die vollständige Herrschaft der entfremdeten Sache *über* den Menschen in die Erscheinung getreten. Was als Herrschaft der Person über die Person, ist nun die allgemeine Herrschaft der *Sache* über die *Person*, des Produkts über den Produzenten. Wie schon im *Äquivalent*, im Wert die Bestimmung der *Entäußrung* des Privateigentums lag, so ist das *Geld* das sinnliche, selbst gegenständliche Dasein dieser *Entäußrung*.« [26]

Antwort 2: »Der Geldkristall ist ein notwendiges Produkt des Austauschprozesses, worin verschiedenartige Arbeitsprodukte einander tatsächlich gleichgesetzt und daher tatsächlich in Waren verwandelt werden. Die historische

Ausweitung und Vertiefung des Austausches entwickelt den in der Warennatur schlummernden Gegensatz von Gebrauchswert und Wert. Das Bedürfnis, diesen Gegensatz für den Verkehr äußerlich darzustellen, treibt zu einer selbständigen Form des Warenwerts und ruht und rastet nicht, bis sie endgültig erzielt ist durch die Verdopplung der Ware in Ware und Geld. In demselben Maße daher, worin sich die Verwandlung der Arbeitsprodukte in Waren, vollzieht sich die Verwandlung von Ware in Geld.« [27]

Für Marx ist also Geld nicht das Ergebnis eines konventionellen Abkommens zur Erleichterung des Austausches oder nur ein Symbol ohne eigenen Wert, sondern das notwendige Resultat der Wirkung der objektiven ökonomischen Gesetze der Warenproduktion.

Das Geld als der verselbständigte Tauschwert der Waren wurde, so Karl Marx, zur allgemeinen Verkörperung des gesellschaftlichen Reichtums, da die zur Produktion der Geldware aufgewendete Privatarbeit als unmittelbar gesellschaftliche Arbeit anerkannt wurde. Mit Geld kann man alle anderen Waren kaufen, während alle anderen Waren erst ihren Wert in Geld ausdrücken, sich in den Preis verwandeln müssen, ehe sie verkauft werden können. Das

Geld hat keinen Preis. Als allgemeine Verkörperung des gesellschaftlichen Reichtums verleiht das Geld Macht über Dinge, nämlich über die Waren. Der Geldbesitzer kann mit Hilfe des Geldes die Waren erwerben. Und je größer die Geldsumme, die er besitzt, ist, desto größer ist der materielle Reichtum an Waren, über den er verfügen kann. Mit Hilfe des Geldes und der Waren aber kann er auch über Menschen Macht ausüben. Das Geld ist demzufolge eine gesellschaftliche Macht, die sich in den Händen der Privateigentümer in eine Privatmacht über Waren und Menschen verwandeln kann. [28]

Mit Geld kann auch spekuliert werden, unter der Voraussetzung natürlich, daß man schon genügend davon hat. Eine Möglichkeit ist, bei hohem Eurowert – beispielsweise – gegenüber dem Dollar, die Gemeinschaftswährung in Dollar umzutauschen und bei niedrigem Eurowert die Dollars wieder in Euros „umzuwandeln".

Hierzu ein Beispiel: Am 1. Februar 2018 war 1 Dollar 0,8070 Euro „wert", d. h. für 1 Euro erhielt man 1,2391 Dollar. Werden 1 Mio. Euro umgetauscht, so bekommt man 1.239.100 Dollar. Fällt nun der Euro und ist, beispielsweise, nur noch 1,2000 Dollar „wert" und werden die 1.239.100

Dollar in Euro zurückgewechselt, so gibt das 1.032.583 Euro, also eine Gewinn von knapp 33 Tausend Euro. Wobei deutlich angemerkt werden muß, daß diese Geld gar nicht realiter existiert, sondern nur auf dem Papier, auch wenn es sich um Münzgeld handelt, was bei über 1 Million Euro eher unwahrscheinlich ist.

Geld auf die genannte Art und Weise zu vermehren, ist gang und gäbe. Ein Beispiel dafür lieferte die Tageszeitung *Neues Deutschland* in ihrer Wochenendbeilage vom 27. Januar 2018. Niklas Franzen formulierte dort u. a.: Der gebürtige Ungar George Soros ist heute »mit einem geschätzten Vermögen von 23 Milliarden Dollar einer der reichsten Menschen des Welt. Einen Großteil seines Vermögens machte er mit Wetten auf Währungen und Zinsen. Im Jahr 1992 wettete er, in der Überzeugung, daß das britische Pfund überbewertet sei, gegen die Währung. Der Coup war erfolgreich: Binnen eines Monats verdiente er 1,5 Milliarden US-Dollar. So wurde Soros über Nacht zum „Mann, der die Bank of England brach".«

Ein anderes Beispiel, wie aus Geld mehr Geld „gemacht" wird, sind sogenannte *Derivate*. Götz Eisenberg hat dazu in seinem Buch *Zwischen Amok und Alzheimer – Zur Sozial-*

psychologie des entfesselten Kapitalismus [29] Folgendes formuliert:

»Ganz in der Tradition von *Leonce und Lena* [einem Schauspiel von Georg Büchner; W.S.] hat Heribert Prantl kurz nach der *Lehman-Brother-Pleite* [2008] in einem Kommentar der *Süddeutschen Zeitung* erklärt, was ein *Derivat* ist und wie die ganze zeitgenössische Woodoo-Ökonomie funktioniert. Chuck kauft für 100 Dollar einen Esel. Das Tier stirbt vor der Lieferung. Chuck will sein Geld zurück, aber der ehemalige Besitzer hat es angeblich bereits ausgegeben. Nun will Chuck den toten Esel, um ihn zu verlosen. Verlosen? Ich sag den Leuten einfach nicht, sagt Chuck, daß er tot ist. Einen Monat später trifft der Farmer Chuck wieder und erkundigt sich, was aus dem Esel geworden ist. Ich hab' ihn verlost, 500 Lose zu zwei Dollar verkauft und 998 Dollar Gewinn gemacht. Hat sich keiner beschwert? Nur der Kerl, der den Esel gewonnen hat. Dem habe ich seine zwei Dollar zurückgegeben. Prantls Erzählung endet mit der Bemerkung: "Heute arbeitet Chuck für Goldman-Sachs und das Esel-Modell ist zum Weltfinanzprinzip geworden."«

So etwas geschah und geschieht noch immer am sogenannten „Geldmarkt" *»im makroökonomischen Sinn*: [beim]
Zusammentreffen von Angebot und Nachfrage nach Geld
zwischen Banken und Nichtbanken.« [30] Womit wir
beim Dritten im Bunde der „unheiligen" Trinität sind: beim
Markt, der, so das genannte Beispiel, risikofreudigen Menschen durchaus die Möglichkeit gibt, schnelle Gewinne zu
tätigen – auf Kosten anderer.

Ein Mensch im Mittelalter, also zwischen dem 6. und 15.
Jahrhundert u. z., hätte nicht verstanden, »daß das Wirtschaftsleben einer Nation [angeblich; W.S.] ausschließlich
oder in erster Linie durch freie Märkte – Orte des Tauschs
von Gütern und Dienstleistungen, an denen sich durch den
Gebrauch von Geld im Spiel von Angebot und Nachfrage
Preise bilden – organisiert werden könnte« [31]. Wochen-
und Jahrmärkte sowie Messen spielten zwar eine gewisse
Rolle, doch der Tausch Ware – Ware bzw. Ware – Geld
spielte nicht die Rolle wie heute. Das Wirtschaftsleben
war Teil einer durch Hierarchien geprägten sozialen Ordnung, »die dem Individuum oft nur wenig Raum ließ, seine Energien für das eigene wirtschaftliche Vorankommen
zu nutzen; der traditionelle Sündenkatalog des christlichen

Mittelalters mit seiner Verdammung von Habgier und „Luxuria" tat ein Übriges.« [32] Man braucht wohl nicht zu erwähnen, daß sich die Reichen schon damals weniger um den Sündenkatalog scherten als um die Vermehrung ihres Reichtums auf Kosten der Mehrheit der Bevölkerung.

Im Jahr 1723 wurde Adam Smith in Kirkaldy (Schottland) geboren. Er gilt als Begründer der Ökonomie. Seine beiden wichtigsten Werke sind *Theorie der ethischen Gefühle* und *Wohlstand der Nationen*. Sein Denken kann »insgesamt als prototypisch für die klassisch-liberale Verteidigung des Markts gelten: Der Markt wird als soziale [sic!!] Institution betrachtet, die zu mehr Wohlstand, Freiheit und Gerechtigkeit führt. Er setzt das Eigeninteresse der Individuen frei und erlaubt ihnen, in Austauschverhältnisse mit einer Vielzahl von Handelspartnern zu treten, so daß eine vertiefte Arbeitsteilung und damit enorme Produktionssteigerungen möglich werden. Die Kernideen von Individualismus, Eigentumsrechten und spontaner Ordnung finden durch Smith Eingang in die Ökonomie.« [33]

Damit ist nicht gesagt, daß Smith *jede* Staatstätigkeit auf ökonomischem Gebiet ablehnt. Er analysiert und unterscheidet, welche gesellschaftlichen Aufgaben in einer freien Gesellschaft der Markt übernehmen kann und wo der Staat tätig werden und einspringen kann. Letzteres gilt beispielsweise für die öffentliche Bildung der Arbeiter, »die durch die Monotonie der arbeitsteiligen Beschäftigung in ihrer geistigen Entwicklung bedroht sind.« [34] Von Adam Smith wurde der Begriff der »unsichtbaren Hand« in die Ökonomie eingeführt. Bei Smith heißt es: »Wenn [...] jeder einzelne so viel, wie nur möglich, danach trachtet, sein Kapital zur Unterstützung der einheimischen Erwerbstätigkeit einzusetzen, und dadurch diese so lenkt, daß ihr Ertrag den höchsten Wertzuwachs erwarten läßt, dann bemüht sich auch jeder einzelne ganz zwangsläufig, daß das Volkseinkommen im Jahr so groß wie nur möglich werden wird. Tatsächlich fördert er in der Regel nicht bewußt das Allgemeinwohl, noch weiß er, wie hoch der eigene Beitrag ist. Wenn er es vorzieht, die nationale Wirtschaft anstatt die ausländische zu unterstützen, denkt er eigentlich nur an die eigene Sicherheit, und wenn er dadurch die Erwerbstätigkeit so fördert, daß ihr Ertrag den höchsten Wert erzielen kann, strebt er lediglich nach eigenem Gewinn. Und er wird in diesem wie auch in vielen anderen Fällen von einer unsichtbaren Hand geleitet, um einen Zweck zu fördern, den

zu erfüllen er in keiner Weise beabsichtigt hat. [...] Alle,
die jemals vorgaben, ihre Geschäfte dienten dem Wohl der
Allgemeinheit, haben meines Wissens niemals etwas Gutes
getan. Und tatsächlich ist es lediglich eine Heuchelei [...]«.
[35]

Ob mit der „unsichtbaren Hand" etwas Numinoses, etwas
Göttliches gemeint ist, kann dahingestellt bleiben. Eines
kommt jedoch deutlich zum Ausdruck: Es geht beim Marktgeschehen nicht um das Allgemeinwohl, und die Behauptung, daß dieses *unwissentlich* angestrebt werde, könnte
genau so gut aus einem Märchenbuch stammen – aus einem
schlechten.

Die Förderung des Allgemeinwohls stellt Smith in seinem
zweiten bedeutenden Werk dar, der *Theorie der ethischen
Gefühle.* Die beiden Werke miteinander zu vermischen, das
„Gute" aus dem einen in das andere zu projizieren, ist gän-
gige Interpretation, aber zumindest problematisch. In diese
Richtung geht auch die Aussage: Smith habe »die Massenverelendung der Hochphasen der Industrialisierung nicht
erlebt und war deshalb so optimistisch bezüglich der Fä-
higkeit des Marktes, Wohlstand auch für die ärmsten Mit-
glieder der Gesellschaft zu schaffen.« [36]

Dagegen formulierte auf dem Deutschen evangelischen Kirchentag 2013 Ulrich Duchrow: »Adam Smith, der Begründer der liberalen Ökonomie, legitimiert [...] das egoistische Streben nach mehr Reichtum theologisch mit der Behauptung, „die unsichtbare Hand des Marktes" forme die Egoismen der Individuen zum Reichtum der Nationen, also zu allgemeinem Wohlstand um.« [37] So kann und sollte man die paradiesische „unsichtbare Hand" sehen!

David Ricardo (1772-1823) war mit verantwortlich für die Mathematisierung der Ökonomie. Mit Mark Blaug kann man sagen, Ricardo habe die Technik der Ökonomie buchstäblich erfunden. »Auch die menschliche Arbeit wird von Ricardo vom lebensweltlichen Kontext abstrahiert: Sie ist für ihn eine Größe, die durch die Mechanismen von Angebot und Nachfrage mit anderen abstrakten Größen verbunden ist, wobei als ihr „Preis" letztlich die Kosten der langfristigen „Erhaltung" der Arbeiter angegeben werden. [Wie bei Marx auch; W.S.] Diese Mechanismen werden in Analogie zu den Gesetzen der Physik als „natürlich" beschrieben; der Wert des Marktes besteht darin, Angebot und Nachfrage in Übereinstimmung zu bringen. Ob das Ergebnis auch normativ wünschenswert ist, wird nicht explizit diskutiert; die vorherrschende Annahme der Ökonomie war jedoch, daß es gerade der einfachen Bevölkerung weit besser gehe, als dies in früheren Epochen ohne freien Markt der Fall war. Eingriffe in das freie Spiel der Marktkräfte, wie sie etwa Armengesetze darstellen, wurden als sinnlos angeprangert, da sie letztlich Arme und Reiche ärmer machen würden – stattdessen [...] muß ein weiser Gesetzgeber die Gesetze des Marktes kennen und bei der Wahl politischer Maßnahmen deren Eigendynamik berücksichtigen.« [38] Thomas Robert Malthus (1766 – 1834) und John Stuart Mill (1806 – 1873), Zeitgenosse von Marx und Engels, argumentierten ähnlich wie Smith und Ricardo, und bald machte die Behauptung die Runde, ihre Ökonomie diene den Interessen der herrschenden Klasse und verteidige die bestehenden Zustände – was ja stimmt.

Zu erwähnen ist noch die sogenannte „österreichische Schule" der Ökonomie. Ein Vertreter von ihr war Friedrich August von Hayek (1899 – 1922). Zu dieser ökonomischen Schule braucht man nur einen Buchtitel von Erich Maria Remarque zu nennen: *Im Westen nichts Neues*. Das gilt auch für die *Chicago School*.

Zu Beginn des 19. Jahrhunderts war die Massenverelendung der arbeitenden Bevölkerung nicht mehr wegzudiskutieren, und vor allem die Frühsozialisten und dann Karl Marx und Friedrich Engels kritisierten den Markt in einer Form, die wissenschaftlich genannt werden muß.

»Die Einwände, die gegen das Marktsystem erhoben wurden, hatten zum empirischen Ausgangspunkt stets die Lage der arbeitenden Klasse, die als entwürdigend oder als kraß ungerecht wahrgenommen wurde; man wollte die elende Situation, in der sich die Lohnarbeiter und ihre Familien aufgrund des niedrigen Einkommens und der harten Arbeitsbedingungen befanden, nicht einfach hinnehmen, weil sie dem Gleichheitsgrundsatz oder dem Prinzip der menschlichen Würde widersprach, und dachte daher über ökonomische Maßnahmen nach, die zu größerer Gleichheit innerhalb des marktregulierten Wirtschaftssystems führen könnten« [39].

Richard Owen (1771 – 1858) wollte neben einer politischen Revolution auch eine ökonomisch-soziale. Er plädierte dafür, die Arbeiter in Genossenschaftsvereinen zu organisieren, die dafür sorgen sollten, daß die Produktion und Verteilung von Gütern nach den Prinzipien fairer Lohn und Bedürftigkeit geregelt werden. Der Franzose François-Noël Babeuf (1760 -1797) wollte »die Verteilung der lebenswichtigen Gebrauchsgüter vom marktgesteuerten Preis abkoppeln [...], um mit solchen sozialstaatlichen Maßnahmen die Grundversorgung der lohnabhängigen Klassen zu sichern.« [40] Graf Henri de Saint-Simon kritisierte am freien, unregulierten Arbeitsmarkt, daß dieser »den Lohnabhängigen aufgrund ihrer Vermögenslosigkeit keine Chance zur Ablehnung von Arbeitsverträgen biete und daher zur Übernahme entmenschlichender Tätigkeiten zwinge; als Lösungsmittel wurde [...] ein staatlich kontrolliertes Bankensystem empfohlen, welches durch die Vergabe von zinslosen Krediten zu einer Vermögensbildung von unten und damit zu einer allmählichen Vergesellschaftung der Produktion beitragen könnte.« [41]

Karl Marx (1818 – 1883) verfaßte mit 26 Jahren, also 1844, erste Entwürfe zu einer Kritik der kapitalistischen Wirtschaft, die unter dem Namen *Pariser Manuskripte* bzw. *Ökonomisch-philosophische Manuskripte* bekannt sind. Marx ging davon aus, daß die kapitalistische Produktionsweise die Menschen von ihrer eigenen Natur und von ihren Mitmenschen entfremde, »weil die private Verfügung über die Produktionsmittel sie an der kooperativen und selbstgesteuerten Verwirklichung im produktiven Tätigsein hinderte.« [42] Marx begriff als hervorstechendstes Merkmal der neuen Produktionsweise nicht den Tausch von Waren gegen Geld auf wie auch immer gearteten Märkten, sondern »die strukturelle Entgegensetzung von „Eigentümern" und „eigentumslosen Arbeitern«, von Kapital und Arbeit« [43], die dadurch entsteht, daß die eine Klasse, die Bourgeoisie, über Arbeitsmittel verfügt, während die andere, das Proletariat, nur über die eigene Arbeitskraft verfügt, die sie „unter Wert" zu verkaufen gezwungen ist.

Später, im dreibändigen *Kapital*, verlegte Marx den Schwerpunkt seiner Kritik von der Entfremdung auf Ausbeutung, Unfreiheit und Ideologiebildung im Kapitalismus.

Man kann an den Marx'schen Ausführungen drei Schichten unterscheiden: Die kapitalistische Wirtschaftsform erzeugt zwangsläufig in den Arbeitsprodukten, den Waren, einen Schein von die Menschen beherrschenden Wesenheiten. Den am Arbeits- und Austauschprozeß »Beteiligten sollen [nach Marx; W.S.] „die Produkte der menschlichen Hand" dann, wenn sie auf einem Markt mit Hilfe eines Äquivalenzprinzps ausgetauscht werden, in derselben Weise „als mit einem Leben begabte", sich eigenständig aufeinander beziehende Wesen erscheinen, wie es in der Vergangenheit die göttlichen Gestalten getan haben, von denen zuvor [...] in der Religionskritik gezeigt worden war, daß sie ebenfalls nur „Produkte des menschlichen Kopfes" sind.« [44]

Des weiteren versucht Marx zu zeigen, daß unter kapitalistischen Bedingungen die Lohnabhängigen keine Vertragsfreiheit genießen, da sie auf eine existenzsichernde Arbeit angewiesen sind und daher keine Möglichkeit haben, ihnen vertraglich angebotene Arbeitsbedingungen auszuschlagen.

Marx versucht weiterhin zu beweisen, »daß die Kapitalisten, also die Eigentümer der Produktionsmittel, im Austausch mit den ihre Arbeitskraft verkaufenden Produzenten stets einen unverdienten „Profit" erringen, weil in dem erzeugten Produkt ein „Wert" enthalten ist, der zwangsläufig hinausgeht über die zur Reproduktion jener Arbeitskraft erforderlichen Lohnkosten« [45]. Anders ausgedrückt: Die im Produktionsprozeß vonstatten gehende Wertschöpfung ist höher als die Kosten, die zur Erhaltung der Ware Arbeitskraft anfallen. Noch anders ausgedrückt: Die Arbeiter*innen werden ausgebeutet.

Walter Schmid: Karl Marx (Aquarell)

Bei alle dem ist zu beachten, daß Marx, bei aller Verur-
teilung des Marktgeschehens nicht von einem moralischen
Fehlverhalten der Kapitalisten, der Bourgeoisie, ausgeht.
Es geht ihm darum, »auf strukturbedingte Zwänge in der
Formung des gesellschaftlichen Bewußtseins und Verhal-
tens aufmerksam zu machen, die zu negativen Folgen entweder für alle Gesellschaftsmitglieder oder für die Klasse
der Lohnabhängigen führen«. [46]

Zwei weitere Kritiker des Marktes seien noch genannt.
Da ist zum einen Rudolf Hilferding (1877 - 1941) der sein
Augenmerk auf die Rolle des Finanzkapitals richtete. Er
sah dieses als zentrale Kraft bei der Verteilung von Ge-
winnen unter den Bedingungen der Monopolbildung und
war damit, wie wir seit einigen Jahren und momentan sehen, schon im ersten Drittel des 20. Jahrhunderts sehr aktuell. Zum zweiten ist Rosa Luxemburg (1870 – 1919) zu
nennen, die davon ausging, »daß die Staaten der kapitalistischen Industrieländer zur Eroberung fremder Territorien
gezwungen seien, um auf diese Weise ökonomische Märkte
zu erschließen.« [47]

Die Oikodizee

Der Begriff „Oikodizee" wurde von Joseph Vogl gebildet und in seinem Werk *Das Gespenst des Kapitals* [48] in die Diskussion des ökonomischen Geschehens eingeführt. „Oikodizee" ist der Wortschöpfung „Theodizee" von Gottfried Wilhelm Leibniz (1646 – 1716) nachempfunden. Theodizee heißt „Gerechtigkeit Gottes" bzw. „Rechtfertigung Gottes" und möchte Antwort geben auf die Frage, wie das Leiden der Menschen in der Welt, wie „das Böse" in der Welt vor dem Hintergrund zu erklären sei, daß der monotheistische Gott als allmächtig und gut beschrieben wird und angesichts seiner Allmacht in der Lage sein sollte, Leiden und Böses zu verhindern.

Epikur (341 v. u. Z. - 271 oder 270 v. u. Z.) hat das Dilemma folgendermaßen beschrieben:
Entweder will Gott die Übel beseitigen und kann es nicht:
Dann ist Gott schwach, was auf ihn nicht zutrifft,
Oder er kann es und will es nicht:
Dann ist Gott mißgünstig, was ihm fremd ist,
Oder er will es nicht und kann es nicht:

Dann ist er schwach und mißgünstig zugleich, also nicht Gott,

Oder er will es und kann es, was allein für Gott ziemt:

Woher kommen dann die Übel und warum nimmt er sie nicht hinweg?

Man kann die Antworten auf die letzte Frage: „Warum nimmt Gott die Übel nicht hinweg?", die von der Theologie gegeben werden, nur als „abenteuerlich" bezeichnen, wenn man nicht von „Unsinn" oder ähnlichem reden will.

Spätestens seit dem Aufklärer Immanuel Kant (1646 – 1716) ist für vernünftig denkende Menschen klar, daß die Frage nicht beantwortet werden kann und daß das Problem der Theodizee nicht lösbar ist, außer man gibt sich dem Gedanken hin, daß „Gottes Wege" eben für Menschen unerklärlich sind. Beispielhaft dafür ist folgendes Lied aus dem „Gotteslob", dem Gesangbuch der Katholischen Kirche:

Was Gott tut, das ist wohlgetan, es bleibt gerecht
sein Wille,
wie er fängt seine Sachen an, will ich ihm halten stille.
Er ist mein Gott, der in der Not mich wohl weiß
zu erhalten,
drum laß ich ihn nur walten.

„Oikodizee" bedeutet „Rechtfertigung des Marktes" angesichts der Tatsache, daß die Reichen immer reicher und die Armen immer ärmer werden, aber auch angesichts der vielen Crashs, die nicht nur in den letzten 10 bis 15 Jahren über das Marktgeschehen hereingebrochen sind. Trotz all der Krisen und Crashs, welche die Weltwirtschaft und das Finanzsystem erschüttert haben, momentan erschüttern und erschüttern werden, ist in (interessierten) ökonomischen und Finanzkreisen noch immer die Vorstellung verbreitet: Der Markt ist ein Ort des rationalen Ausgleichs und entfaltet selbst Kräfte, die ihn stabilisieren (können).

Anja Riedeberger vom Goethe-Institut formuliert das so: »Das kapitalistische Wirtschaftssystem basiert auf der Idee, daß in der Marktwirtschaft selbstregulative und -stabilisierende Kräfte wirksam sind. Angebot und Nachfrage, so die Theorie, werden durch den Preis zum Ausgleich gebracht, Güter effizient und gerecht verteilt. Eingreifen sollte der Staat deshalb nur dort, wo es zum sogenannten Marktversagen kommt, wie etwa bei Kulturbetrieben. Von diesen Ausnahmen abgesehen gilt die Marktwirtschaft als die effizienteste Form der Organisation von Austauschbeziehungen. Krisen werden nicht dem System selbst, sondern marktexternen Faktoren wie einer verfehlten Wirtschaftspolitik zugeschrieben.« [49]

Joseph Vogl zeigt in seinem Buch *Das Gespenst des Kapitals*, »wie die ökonomische Wissenschaft mit Anleihen aus der Theologie eine umfangreiche Rechtfertigungslehre aufgebaut hat, die allen Wirtschafts- und Finanzkrisen zum Trotz die Vorstellung eines auf Vernunft gegründeten Marktgeschehens konstruiert hat und bis heute verteidigt. Mit enormen Folgen: Denn die Herrschaft dieser kaum noch hinterfragten Idee führt nach Auffassung Vogls zum größten „sozialen Massenexperiment" der Gegenwart, der Übertragung des Wettbewerbsprinzips auf alle Bereiche der Gesellschaft. Da der freie Markt als Garant für die effiziente Verteilung von Ressourcen gilt, werden zunehmend auch nicht-ökonomische Bereiche wie der Gesundheits- oder der Bildungssektor nach Marktprinzipien organisiert und der Mensch in all seinen sozialen Beziehungen einer ökonomischen Perspektive unterworfen.« [50]

Joseph Vogl machte in einem Interview mit der Wochen-
zeitschrift Freitag folgende Aussagen:
»Man darf nicht vergessen, daß die Bundesrepublik immer
schon – nach Merkels passendem Ausdruck – eine grundso-
lide „marktkonforme Demokratie" war. Also immer schon
ein wenig post-demokratisch oder para-demokratisch. Damit hat man lange Zeit gut gelebt. [...] Die Leute wissen
heute, daß politische Partizipation über bloße Wahlen wesentlich weniger effizient ist als ökonomische Partizipation
über Märkte. Zudem wurde seit etwa 20 Jahren schleichend
der westeuropäische Wohlfahrtskompromiß aufgekündigt.
Das Überraschende ist, daß das zunächst niemand gemerkt
hat. [...]

Wir wurden in den letzten 30 Jahren zu Wettbewerbsgesell-
schaften dressiert, das Ganze war, wenn man so will, ein
Massenexperiment mit uns.« [51]

Das Massenexperiment hat mindestens zwei „Erfolge" vor-
zuweisen. Der eine ist ein für den Markt, also für Konzerne
und Banken, fast grenzenloses (Mittel)Europa, der zweite
grenzenlose Armut nicht nur hier in Deutschland.

Ulrike Heidenreich schreibt in ihrem Kommentar „Die Vermessung der Armut", *Süddeutsche Zeitung* vom 28.02.18, Seite 4:

»In der deutschen Wirtschaft herrscht Festtagsstimmung, die Steuereinnahmen sprudeln; derweil haben die Verteilungskämpfe zwischen den Ärmsten im Lande begonnen. Was sich wie ein Versatzstück aus einem klassenkämpferischen Manifest anhört, ist bitter wahr. An den Tafeln, den Essensausgaben für Bedürftige, stehen sich gegenüber: Alleinerziehende mit Kindern, von Altersarmut gebeutelte Rentner, gebrechliche Menschen, Flüchtlinge. Hier zählt das Recht des Stärkeren.

Wenn der Vorsitzende der deutschen Tafeln seine europäischen Kollegen von der Foodbank in Brüssel trifft, fragen die ihn verwundert, warum ein reiches Land wie Deutschland Tafeln braucht. Zu den Ausgabestellen von Lebensmitteln, die sonst im Müll landen würden, kommen ja Menschen, die am Ende des Monats keine 59 Cent mehr für ein Toastbrot vom Discounter haben. Diese Menschen beziehen Hartz IV, Grundsicherung oder Wohngeld. Es werden immer mehr, denen das Existenzminimum nicht zum Leben reicht. Das ist der wahre Skandal.

Walter Schmid: Friedrich Engels (Aquarell)

Es gibt einen Flickenteppich an staatlichen Leistungen für Arme, Stücke fehlen, keiner blickt durch. Anstatt dafür zu sorgen, daß das Geld richtig ankommt, wird Armut als Begleiterscheinung einer Gesellschaft gesehen, ja akzeptiert. Immer wieder wird mal nachgezählt, wie groß diese Erscheinung geworden ist: Jedes fünfte Kind ist arm. Jede dritte Alleinstehende ist von Armut bedroht. Gerade haben Forscher herausgefunden, daß solche Berechnungen sowieso nicht stimmen und Familien reicher gerechnet wurden, als sie sind. Es geschieht die Vermessung der Armut. Es geschieht nicht deren systematische Bekämpfung.

Im Koalitionspapier findet sich ein Maßnahmenpaket gegen Kinderarmut, das höchstens als Päckchen durchgeht. Mutige Schritte hin zur Chancengleichheit fehlen, zum Beispiel eine Grundsicherung. Die Rechnung ist am Ende einfach: Im reichen Deutschland vererbt sich nicht nur der Reichtum. Es vererbt sich auch die Armut.«

Soweit ein Auszug aus dem hervorragenden Kommentar von Ulrike Heidenreich in der *Süddeutschen Zeitung*.

Schlußbemerkung

Bei der Betrachtung des *Kapitalismus als Religion* mit seinen Fetischen Ware, Geld und Markt wird deutlich, wie aktuell die Aussage von Karl Marx ist: »[D]ie Kritik der Religion ist die Voraussetzung aller Kritik.« [52] Und Marx' Schlußfolgerung ist immer noch gültig: »Die Kritik der Religion endet mit der Lehre, daß d*er Mensch das höchste Wesen für den Menschen sei,* also mit dem *kategorischen Imperativ,* alle Verhältnisse umzuwerfen, in denen der Mensch ein erniedrigtes,, ein geknechtetes, ein verlassenes, ein verächtliches Wesen ist.« [53]

P.S.: Ein Dialog aus dem Roman *Unterleuten* [54] von Juli Zeh; Ort: das fiktive Dorf Unterleuten in der ehemaligen DDR, Zeit: nach der Konterrevolution 1989:
»Darf man stehlen?«
»Wenn's sein muß.«
»Lügen?«
»Geht ja nicht anders.«
»Betrügen?«
»Das heißt jetzt Kapitalismus.«

P.P.S.: Ein Gedicht von Bertolt Brecht (aus *Alfabet* [55])
Reicher Mann und armer Mann
Standen da und sahn sich an.
Und der Arme sagte bleich:
Wär ich nicht arm, wärst du nicht reich.

P. P.P.S.: Es gibt in Deutschland keine Bahnhöfe mehr, die dazu dienen, eine Zugfahrt zu beginnen oder zu beenden. Auf den Vouchern, den Gutscheinen über 50 Cent, die Mann und Frau erhält, wenn sie im Bahnhof für 1 Euro auf die Toilette gehen, steht „laut" und deutlich: »Ihr Einkaufsbahnhof. Gute Geschäfte. Mehr erleben.«
!! KEIN kOMMENTAR !!

Walter Schmid: Bertolt Brecht (Aquarell)

Nachweise
!! Alle Zitate in „neuer Rechtschreibung" wurden in die „alte Rechtschreibung" transkribiert!!

[1] Walter Benjamin: Kapitalismus als Religion, in ders.: Gesammelte Schriften Bd, VI, S. 102. Zitate werden lediglich durch Angabe der Seitenzahl nachgewiesen.
[2] G. W. F. Hegel: Phänomenologie des Geistes, Hamburg 1988, S. 43.
[3] Friedrich Engels: Ludwig Feuerbach und der Ausgang der klassischen deutschen Philosophie, MEW 21, S. 293.
[4] Friedrich Engels: Vorwort zu: Karl Marx: Das Kapital, Bd. 3, MEW 25, S. 20.
[5] Michael Weinrich: Religion und Religionskritik, 2. Aufl. Göttingen 2012, S. 16.
[6] a.a.O., S. 16 f.
[7] Ernst Bloch: Das Prinzip Hoffnung. Dritter Band, Frankfurt/M. 1973, S. 1.398.
[8] Hans Heinz Holz: Die Sinnlichkeit der Vernunft. Letzte Gespräche, Berlin 2017, S. 33.
[9] Karl Jaspers: Der philosophische Glaube, München 1974, S. 62 (Erstveröffentlichung 1948).

.

[10] Friedrich Engels: Anti-Dühring, MEW 20, S. 294.

[11] a.a.O., S. 252; Hervorhebungen im Original.

[12] Alfred Kosing: Marxistisches Wörterbuch der Philosophie,Berlin 2015, S. 413.

[13] Hervorhebung von mir, W.S.

[14] Manfred Buhr / Alfred Kosing: Kleines Wörterbuch der marxistisch-leninistischen Philosophie, Berlin-Ost 1974, S. 301.

[15] Walter Benjamin: Das Passagen-Werk, GS V.1 u. V.2.

[16] Lemma „Fetischismus" in Buhr/Kosing, a.a.O., S. 100.

[17] Götz Eisenberg: Zwischen Amok und Alzheimer. Zur Sozialpsychologie des entfesselten Kapitalismus, 3. korr. Aufl. Frankfurt/M . 2016, S. 156 f.

[18] ebd., S. 9.

[19] Uwe Steiner: Kapitalismus als Religion, in: Benjamin-Handbuch. Leben – Werk – Wirkung, hg. v. Burkhardt Lindner, Stuttgart 2006, S. 170.

[20] Friedrich Nietzsche: Zur Genealogie der Moral, in: ders.: Kritische Studienausgabe 5, hg. v. Giorgio Colli u. Mazzino Montinari, S. 297.

[21] ebd., S. 329 f.

.

[22] Dominik Finkelde SJ: Zur Aktualität des Denkens von Karl Marx, in: Widerspruch. Münchner Zeitschrift für Philosophie Nr 65, München 2018, S. 33 – 38, hier: S. 33.

[23] ebd.

[24] ebd.

[25] ebd.

[26] Karl Marx: Ökonomisch-philosophische Manuskripte, MEW 40, S. 455; Hervorhebung im Original.

[27] Karl Marx: Das Kapital, Bd. 1, MEW 23, S. 101 f.

[28] Quelle: http://ciml.250x.com/sections/german_section/to/geldtheorie.pdf

[29] Götz Eisenberg, a.a.O., S. 286 f.

[30] http://wirtschaftslexikon.gabler.de/Archiv/892/geldmarkt-v7.html

[31] Lisa Herzog: Einleitung: Die Verteidigung des Marktes vom 18. Jahrhundert bis zur Gegenwart, in: Lisa Herzog u. Axel Honneth (Hg.): Der Wert des Marktes. Ein ökonomisch-philosophischer Diskurs vom 18. Jahrhundert bis zur Gegenwart, 2. Aufl. Frankfurt/M. 2016, S. 13 – 27, hier: S. 13.

[32] ebd.

[33] a.a.O., S. 16.

[34] ebd.

[35] Adam Smith: Wealth of Nations, Viertes Buch, Kapitel 2, Ü.: Horst Claus Recktenwald.

[36] Lisa Herzog, a.a.O., S. 17.

[37] Ulrich Duchrow: Theologische Alternativen zum globalen Kapitalismus, in: Kapitalismus als Religion. Dokumentation von Beiträgen des Seminars auf dem Deutschen evangelischen Kirchentag 2013, hg. v. d. Rosa-Luxemburg-Stiftung, Berlin 2015, S. 5 – 20, hier S. 12.

[38] Lisa Herzog, a.a.O., S. 19.

[39] Axel Honneth: Einleitung: Die Kritik des Marktes vom 19. Jahrhundert bis zur Gegenwart, Lisa Herzog: in: Lisa Herzog u. Axel Honneth (Hg.): Der Wert des Marktes. Ein ökonomisch-philosophischer Diskurs vom 18. Jahrhundert bis zur Gegenwart, 2. Aufl. Frankfurt/M. 2016, S. 155173, hier: S. 156 f.

[40] ebd., S. 157.

[41] a.a.O.

[42] ebd., S. 160.

[43] a.a.O.

[44] ebd., S. 161.

[45] ebd., S. 162.

[46] a.a.O.

[47] ebd., S. 163.

[48] Joseph Vogel: Das Gespenst des Kapitals, 7. Auflage Zürich 2016 (zuerst 2010).

[49] Anja Riedeberger: Die diabolische Hand, https://www.goethe.de/ins/be/de/kul/mag/20566274.html.

[50] ebd.

[51] Das Gespräch führte Jakob Augstein im Rahmen des Freitag-Salons im Berliner Maxim-Gorki-Theater. Quellhttps://www.freitag.de/autoren/jaugstein/eine-gute-geschaeftsidee

[52] Karl Marx: Zur Kritik der Hegelschen Rechtsphilosophie. Einleitung, MEW 1, S. 378.

[53] ebd., S. 385; Hervorhebungen im Original.

[54] Juli Zeh: Unterleuten, 1. Aufl. München 2017 (zuerst 2016), S. 467.

[55] Bertolt Brecht: Gesammelte Gedicht Band 2, Frankfurt/M. 1976, S. 513.

Walter Schmid: Hans Heinz Holtz (Aquarell)

Appendix

»Das Geheimnisvolle der Warenform besteht also einfach darin, daß sie den Menschen die gesellschaftlichen Charaktere ihrer eignen Arbeit als gegenständliche Charaktere der Arbeitsprodukte selbst, als gesellschaftliche Natureigenschaften dieser Dinge zurückspiegelt, daher auch das gesellschaftliche Verhältnis der Produzenten zur Gesamtarbeit als ein außer ihnen existierendes gesellschaftliches Verhältnis von Gegenständen. Durch dies Quidproquo werden die Arbeitsprodukte Waren, sinnlich übersinnliche oder gesellschaftliche Dinge. So stellt sich der Lichteindruck eines Dings auf den Sehnerv nicht als subjektiver Reiz des Sehnervs selbst, sondern als gegenständliche Form eines Dings außerhalb des Auges dar. Aber beim Sehen wird wirklich Licht von einem Ding, dem äußeren Gegenstand, auf ein andres Ding, das Auge, geworfen. Es ist ein physisches Verhältnis zwischen physischen Dingen. Dagegen hat die Warenform und das Wertverhältnis der Arbeitsprodukte, worin sie sich darstellt, mit ihrer physischen Natur und den daraus entspringenden dinglichen Beziehungen absolut nichts zu schaffen. Es ist nur das bestimmte gesellschaft-

liche Verhältnis der Menschen selbst, welches hier für sie die phantasmagorische Form eines Verhältnisses von Dingen annimmt. Um daher eine Analogie zu finden, müssen wir in die Nebelregion der religiösen Welt flüchten. Hier scheinen die Produkte des menschlichen Kopfes mit eignem Leben begabte, untereinander und mit den Menschen in Verhältnis stehende selbständige Gestalten. So in der Warenwelt die Produkte der menschlichen Hand. Dies nenne ich den Fetischismus, der den Arbeitsprodukten anklebt, sobald sie als Waren produziert werden, und der daher von der Warenproduktion unzertrennlich ist.«
Karl Marx: Das Kapital, MEW 23, S. 86 f.

Dazu Hans Heinz Holz:

»Andere Stellen im zweiten und dritten Band des „Kapital"
zeigen, daß die hier am Beispiel der Ware notierte ideo-
logische Verkehrung gesellschaftlicher Verhältnisse eine
allgemeine Bewußtseinsform ist, die sich um so komple-
xer darstellt, je entwickelter und reichhaltiger die ökonomischen Prozesse sind, aus denen sie hervorgeht; Marx
nennt einen weiteren Fall, den von Kapital und Zins, von
Boden und Grundrente: indem das Kapital Zins trägt, der
Boden Rente abwirft, werden sie zu Fetischen hypostasiert,
die mit eigener Macht begabt sind. Nicht mehr ein einfaches
Objekt, sondern ein Funktionszusammenhang tritt nun als
Fetisch auf, so daß im Rahmen dieser Funktionabilität der
Fetischcharakter selbst verschleiert bleiben kann. Ideologie
ist auf dieser Stufe nicht nur falsches, sondern auch sich
selbst betrügendes Bewußtsein […].

Der Fetischismus der bürgerlichen Gesellschaft unterscheidet sich also von dem ursprünglichen Fetischismus als einer Gestalt primitiver Religiosität, wie er bei Naturvölkern
auftritt, durch eine doppelte Verschiebung gegenüber der
Wirklichkeit: zunächst im Schein einer unbegriffenen Er-

lebnisqualität (wie auch der originäre Fetisch), sodann im sekundären, reflektierten Schein einer den primären Schein nicht auflösenden, sondern überbauenden Theorie. Dieser doppelte Schein macht die Struktur des Fetischismus in einer hochentwickelten arbeitsteiligen Gesellschaft aus.

[I]n diesem späten, abgeleiteten Sinn [ist] der Fetisch allgemein undabstrakt geworden: die Ware, das Kapital, der Boden sind Gattungsbegriffe, mit denen die Vorstellung einer eigenen Wirkensmächtigkeit verknüpft wird, weil sie sich unabhängig von den ökonomischen Aktionen und Reaktionen des einzelnen zu verhalten scheinen. [...]

Wir sagen, daß die Fetischisierung eines Dings eine Antwort auf die Welt ist.«

Hans Heinz Holz: Vom Kunstwerk zur Ware,
Darmstadt und Neuwied 1972, S. 124 f. u. 127.